Eine Französisch Stunde vom Hörverstehen zum aktiven Sprechen

Herstellung und Verlag:
BoD – Books on Demand, Norderstedt
Copyright: 2019 Karl Heinz Landenberger
ISBN 978-3-7504-0970-5

Vorbemerkung

Als Lehrer für Französisch ist mir aufgefallen, dass Schüler zwar mehr oder weniger schnell lernen, einen Text zu lernen, auch laut zu lesen, mit unterschiedlich perfekter Aussprache. Sie können auch ordentlich den Text verstehen und ins Deutsche übersetzen. Sie lernen auch in Diktaten mehr oder weniger fehlerfrei die fremde Sprache zu schreiben. Sobald man sich aber mit ihnen in der Fremdsprache unterhalten will, bleiben sie stumm. Es fehlt ihnen der Wortschatz für die Antwort, und das Wissen, wie man ganze Sätze bildet.

Das Interrogativprogramm

Als ich in einer 10. Klasse, also Abschluss Mittlere Reife, mit einer Klasse das Fragepronomen behandelte, also Sätze bilden wollte wie z.B.:

> Wen hast du gesehen?
> Vom wem hast du das?
> Wen kennst du?
> Wer ist das?
> Was ist das?
> Was hast du ihm gegeben?

Da habe ich bemerkt, dass es selbst begabten Schülern schwerfällt, den Akkusativ und den Nominativ zu unterscheiden.

Ki...en

Zur selben Zeit war mei... Enkelin bei uns mehrere Tage zu Besuch. Ein Mädchen von 5 Jahren. Meine Tochter war mit ihr, als sie 3 Jahre alt war, nach Frankreich gezogen in die Nähe von Grenoble. Dort besuchte sie den Kindergarten. Obwohl meine Tochter weiterhin Deutsch mit ihr sprach, setzte sich bei ihr die Sprache durch, die sie mit den Gleichaltrigen im Kindergarten gesprochen hat. Sie wollte nicht Deutsch sprechen, obwohl sie es verstand. Ich musste mich mit ihr auf Französisch unterhalten. Das tat ich gern, umso mehr als ich interessante Beobachtungen machen konnte. Die 5-jährige beherrschte alle Fragen mit den Fragepronomen mühelos und fehlerfrei, womit ich mich mit meinen 16-jährigen Schülern vergeblich abmühte.

Grundsätzliche Überlegung

Eine Sprache kann man nicht optimal erlernen, wenn man zuerst einzelne Vokalen lernt, diese dann mit einfachsten Grammatikregeln zu Sätzen zusammensetzt, den Schwierigkeitsgrad kontinuierlich steigert und den Wortschatz allmählich erweitert.

Im Gegenteil: Das Sprechen, das Selbstsprechen muss am Anfang stehen eines jeden Spracherwerbs, und nicht am Ende.

Die ersten Sätze

Am Anfang steht der gehörte und gesprochene Satz und nicht die Vokabel oder die Schrift.

> Was ist das?
> Wie heißt du?
> Wo wohnst du?
> Wer sind deine Eltern?
> Wieviele Geschwister hast du?
> Was kostet das?
> Habt ihr ein Haus?

Die Vornamen der Kinder im Kindergarten müssen zuerst erlernt werden. Danach wird alles im Umfeld der Kinder erfragt.

Frage und Antwort

Nach dieser Methode werde ich nun versuchen eine Französischstunde vorzustellen. Dazu habe ich allerdings nicht den Anfangsunterricht gewählt, bin also nicht vom Nullpunkt ausgegangen. Das hier vorgeführte Experiment setzt das Niveau einer 10. Klasse voraus, das diese nach vier Jahren Unterricht in Französisch besitzen sollte.

Aber auch hier gilt noch, dass die Fragen so einfach gestellt werden wie möglich, damit die Antwort genauso einfach, ohne Schwierigkeit gegeben werden kann, d.h. der notwendige Wortschatz, der für die Antwort benötigt wird, sollte möglichst schon vollständig in der Frage vorgegeben sein.

Beginn der Stunde

Geschichten, einfacher Art sind am besten geeignet Fragen über Fragen zu stellen. Deshalb ist die Grundlage dieser Stunde eine kurze Geschichte. Zunächst muss der Textzusammenhang hergestellt werden.

Kontext

Als Gedächtnisstütze muss der Schüler ein Konzeptblatt bereitlegen und Worte darauf notieren, die er nicht übersetzen kann, Personennamen, Geographische Bezeichnungen, usw. Das kann etwa so aussehen:

Die Geschichte spielt in London.
Die wichtigste Person ist Houston.
Das ist sein Vorname.
Er ist Schriftsteller.
Sein deutscher Freund heißt Henry.
Ihm zeigt er die Sehenswürdigkeiten Londons.
Er erzählt dazu die passenden Geschichten.
Henry schreibt diese auf.
Eine Sammlung von tausend Kurzgeschichte ist so entstanden.
Sie hat den Titel „Londoner Decamerone"

(da dieser Titel schwierig ist kann der Lehrer ihn auch an die Tafel schreiben.
Einfachere Wörter kann man buchstabieren).

Erste Fragen

Wo spielt die Geschichte?
Wer ist Houston?
Was ist er von Beruf?
Wie heißt sein Freund?
Was zeigt er ihm?
Wer schreibt die Geschichten auf?
Wo spielen die Geschichten?
Wieviele Geschichten hat die Sammlung?
Welchen Titel hat die Sammlung?

Windsor Castle

An diesem Tag haben die beiden Freunde Windsor Castle besucht.
Das ist ein riesige Schloss- und Burganlage an der Themse.
Sie liegt 40 km flussaufwärts von London.
Am Ende des Besuchs schauen sich die beiden noch Frogmore an.
Das ist ein Teil der Burganlage, wo die Gräber sind.
Die meisten englischen Könige sind hier begraben.
Das letzte Grab, das sie anschauen, ist das Grab von George 1. Duke of Kent.
Er ist in seinem Flugzeug abgestürzt und tödlich verunglückt.

George 1. Duke of Kent ist der jüngste Bruder des damals herrschenden Königs Georg VI.

Wie ihr wisst, ist er der Vater der Queen Elisabeth.

Dieser jüngste Bruder war der absolute Liebling seines Volks.

Der Absturz seines Flugzeugs steht im Zusammenhang mit dem geheimnisumwitternden Hessflugs.

Rudolf Hess war der engste Vertraute Hitlers und sogar sein Stellvertreter.

Er war der mächtigste Mann im 3. Reich nach dem „Führer".

In einer geheimen Aktion flog er mit seiner privaten Messerschmitt nach Schottland.

Er wollte sich dort mit dem englischen Hochadel und auch diesem jüngsten Bruder treffen.

Ziel war es, den unsinnigen und völlig unnötigen Krieg zu beenden.

Beim Besuch dieser Grabstätte fiel Houston ein, dass er einen Kellner kennt, der viel von Hess erzählen kann.

Deshalb die spontane Idee ins Couscous Darna zu gehen, wo dieser Kellner bediente.

Vermutliche Mitschrift der Schüler

Windsor Castle
Schlossanlage an der Themse
40 km flussaufwärts
Frogmore
Grabstätten
Englische Könige
George 1. Duke of Kent
Flugzeugabsturz
Der Liebling des Volks
Rudolf Hess
Stellvertreter
Geheime Aktion
Treffen mit dem Hochadel
Beendigung des Kriegs
Der Einfall von Houston
Kellner von Couscous Darna

Benutzung der Stichworte

Bei den Fragen des Lehrers darf der Zettel mit den Stichworten benutzt werden.

Was haben die beiden an diesem Tag besucht?
Was ist Windsor Castle?
Wo liegt Windsor Castle?
Was befindet sich in Frogmore?
Wer ist George 1. Duke of Kent?
Wie kam er ums Leben?
War er beliebt beim Volk?

Wer ist Rudolf Hess?
Was weißt du über den Hessflug?
Was war die Absicht von Hess?
Welchen Einfall hat Houston?

Schnelltest

Diese Fragen können auch mit Stichworten kurz schriftlich beantwortet werden. Das hat den Vorteil, dass auch Schüler die nicht so schnell reagieren, die Möglichkeit haben, zu überlegen, bevor die Klassenspitze alles schon beantwortet hat.

Lektüre

Nach dieser Vorbereitung liest jetzt der Lehrer die Geschichte vor. Hier der Text:

Spontaner Einfall
Vor diesem Grabmal fiel Houston ganz spontan ein, wir könnten zusammen ins Couscous Darna gehen. Dort kennt er einen tunesischen Kellner, der uns sehr viel Interessantes über Hess erzählen könnte.

Beginn der Textarbeit

Gibt es Fragen zum Text?
Gab es unbekannte Wörter?

Was bedeutet Couscous Darna? (Darna ist ein arabisches Wort und heißt Restaurant)
Was ist Couscous? (An dieser Stelle kann man das Smartphone einsetzen, um den Wortschatz zu erweitern)
Man fragt: Adresse von Couscous Darna in London
Öffnungszeiten des Restaurants
Speisekarte sogar mit Fotos der Gerichte
Preise der Gerichte
Rezept für die Herstellung von Couscous
Kellner? Serveur. Nenne andere Hauptwörter derselben Wortfamilie: serveuse, serviteur, service
Das dazugehörige Verb: servir
Konjugiere das Verb: er serviert… il sert
Ist es regelmäßig oder unregelmäßig?

Ein wenig Grammatik

Grammatik sollte nie als reine Grammatikstunde gemacht werden, sondern immer von Fall zu Fall je nach dem, was im Text vorkommt. In diesem kurzen Text könnte man eingehen auf den Satzanfang. Im deutschen Text steht: Ihm fiel ganz spontan ein. Im französischen Text steht: Er hatte die Idee.
Erstes Beispiel: il eut l'idée.
Wie heißt diese Zeit? Passé simple
Wie hieße es im imparfail? Il avait
Wie im passé composé? Il a eu

Man sieht auch die Grammatik gibt Anlass zu Frage und Antwort.

Ein zweites Beispiel: nous pourrions aller... – wir könnten gehen.

Wie heißt diese Zeit? Conditionnel
Wie heißt der Infinitiv? pouvoir
Wie heißt die dritte Person Singular Präsens? Il peut: Er kann

Ein drittes Beispiel: Er kennt dort einen Kellner.
Wie heißt der Infinitiv? von connaître, kennen
Was heißt: Ich kenne

Satzstrukturen

Allein mit diesen drei Satzstrukturen lassen sich viele Sätze konstruieren:

Wir könnten zusammen ins Kino gehen
Das Fußballspiel ansehen
Urlaub machen, etc.

Er kennt einen prominenten Star
Ein neues Computerspiel
Viele Sportler

Hausaufgabe

Die Aufgabe für die nächste Stunde wäre, zu Hause (oder in Stillarbeit in der Schule) das auf dem Konzeptblatt Aufgeschriebene im Hausheft ins Reine zu übertragen. Es sollte möglichst graphisch angeordnet und auf nur einer Seite übersichtlich dargestellt werden. Die unbekannten Wörter, Namen und Bezeichnungen sollten als Stichworte untereinanderstehen, damit mit Ihrer Hilfe eine einfache Zusammenfassung, ein Resümee möglich ist.

Beginn der 2. Unterrichtsstunde

Der Lehrer schaut sich die Hefte der Schüler an. Die am besten gelungene graphische Darstellung soll fotokopiert und später an jeden Schüler verteilt werden, damit er die Möglichkeit hat, sie mit seinem Ergebnis zu vergleichen und evtl. daraus zu lernen.

Mündliche Zusammenfassung

Dann werden die Schüler aufgefordert: Wer möchte mit Hilfe seiner im Hausheft erstellten Stichwortliste die Zusammenfassung der Vorgeschichte und den ersten Abschnitt der Geschichte mündlich vortragen?

Mögliches Beispiel

Houston – ist Schriftsteller

Henry – ist sein deutscher Freund

Sehenswürdigkeiten – er zeigt seinem Freund die Sehenswürdigkeiten von London

verfassen, aufschreiben, redigieren – dieser schreibt die Geschichten auf

Schloss Windsor – an diesem Tag besuchen die beiden Windsor Castle

40 km flussaufwärts – das Schloss liegt 40 km flussaufwärts von London

Frogmore – ist ein Teil der riesigen Schlossanlage

Grabstätte englischer Könige – dort liegen die meiste englische Könige begraben

George 1. Duke of Kent - er ist der jüngste Bruder des Königs Georgs VI
- George VI ist der Vater von Queen Elisabeth
- George war der Liebling des englischen Volks

Flugzeugabsturz - er kam bei einem Flugzeugabsturz ums Leben
- er spielte eine wichtige Rolle für die Beendigung des Kriegs

Rudolf Hess – er flog zu diesem Zweck ganz geheim in seinem Privatflugzeug, seiner Messerschmitt nach Schottland, um sich dort mit den Gegnern des Kriegsministers Churchill zu treffen

Rudolf Hess – er war Stellvertreter des Führers und 2. Mann im dritten Reich

Couscous Darna   - ein nordafrikanisches Restaurant in London
- Der Kellner kann sehr viel Interessantes von Hess erzählen
- Deshalb hat Houston die Idee, dorthin zu gehen

Erste Schritte im Simultan-übersetzen

Der mündlich vorgetragene Text der sehr vereinfachten französischen Sätze sollte nun ebenfalls mündlich, Satzweise ins Deutsche übersetzt werden. Das kann auf mehrere Schüler verteilt werden. Da nach jedem vorgetragenen Satz eine Pause gemacht wird, hat der Übersetzer genug Zeit für seine mündliche Aussage.

Hinübersetzung

Anschließend kommt der schwierigere Teil, die Übersetzung vom Deutschen ins Französische, die Hinübersetzung (Herübersetzung ist vom Französischen ins Deutsche).
Möglicherweise muss der Lehrer dazu Hilfestellung geben.

Schulrealität

Bei der derzeitigen Situation in unseren Schulen ist davon auszugehen, dass maximal die Hälfte der Schüler die Hausaufgaben macht. Während des Unterrichts passen in der Regel auch nicht alle auf. Wenn der Unterricht von ein paar Psychopathen nicht massiv gestört wird, könnte das interessierte Drittel einer Klasse in so einer Stunde mehrere Vokabeln memorieren, sich einige Satzkonstruktionen einprägen und diese durch Wiederholung festigen.

Fortsetzung der Textarbeit

Nach dieser gründlichen Besprechung der Hausaufgabe und der mündlichen Wiederholung wesentlicher Teile der ersten Stunde kann nun mit der Fortsetzung der Lektüre des weiteren Textes fortgefahren werden.

Der zweite Abschnitt: Mohamad

Text:

Dieser Kellner heißt Mohamad. Er ist in Sidi Bou Said geboren. Das ist in der Nähe zur algerischen Grenze, nicht weit weg von Bizerte, der letzten den Franzosen gebliebenen Militärstation in Tunesien, bevor das Land 1958 unabhängig wurde. Mohamad lernte noch in seinem Heimatland Französisch und arbeitete zunächst in Marseille. Nordafrikaner sind dort nicht gern gesehen. So zog er weiter nach England, wo er nun schon viele Jahre lebt. Das Couscous Darna ist eines der vielen Stammlokalen Houstons, der als ewiger Junggeselle, selber so gut wie nie kocht. Eine jahrelange Bekanntschaft mit Mohamad hat ihn zu einem guten Freund gemacht.

Fragen zum Text

Wie heißt die Überschrift dieses Abschnitts?
Wer ist Mohamad?
Wo ist er geboren?
Wo liegt Sidi Bou Said?
Was weißt du über Bizerte?
Was macht er in Marseille?
Sind Nordafrikaner dort gern gesehen?
Warum zog er weiter nach England?
Was ist ein Junggeselle?
Warum ist Mohamad ein guter Freund von Houston?

Warum geht Houston oft ins Restaurant zum Essen?

Es ließen sich zu diesem Abschnitt noch eine Unmenge weiterer Fragen stellen.
Details und grammatische Fragen will ich auslassen, das kann jeder Lehrer nach eigenen Belieben gestalten.

Die Erweiterung des Wortschatzes

Neue Wörter lassen sich am besten behalten, wenn sie in einem Zusammenhang stehen und nicht beziehungslos zueinander gelernt werden. Dieser Abschnitt bietet die Möglichkeit der Wortschatzerweiterung im Zusammenhang mit der erzählten Geschichte. So können sie besser behalten werden.

I

Der Name Mohamad gibt die Gelegenheit zu vielfältigen Überlegungen
Mehmet ist die türkische Form
Mahomet ist ein Drama von Voltaire über den Propheten Mohammed

Mohammed ist der Religionsstifter des Islam. Da Voltaire jede Religion ablehnt, wird er in diesem Drama sehr negativ dargestellt. Dieses Drama wurde zu seiner Zeit sehr diskutiert. Goethe hat es übersetzt für seinen Landesherrn, den Herzog von Weimar, der französisch nicht verstand. Goethe allerdings hat dieses Drama nicht geschätzt und hat beabsichtigt eine eigene Gegendarstellung zu dichten. Er sagte, je mehr ich den Koran lese, umso klarer wird mir die große Bedeutung dieser Religion. Leider ist das Drama Fragment geblieben.

Wissenserweiterung

Mit der Erweiterung des Wortschatzes geht die Erweiterung des Wissens einher. Man kann in diesem Zusammenhang auf die heiligen Städte der Muslime hinweisen:

Mekka mit der Kaaba
Medina mit dem Grab des Propheten
Jerusalem mit dem Felsendom

Weiterhin könnte man auf das fünfmalige Gebet am Tag hinweisen,
den Gebetsteppich und die Gebetsrichtung,
die Fußwaschung und das Schuhe ausziehen vor
Betreten der Moschee,
das Schächten der Tiere und Verbot Schweinefleisch zu essen, etc...

II

Sidi Bou Said

Auch diese wunderschöne Stadt in Tunis gibt Anlass zur vielfältiger Wissenserweiterung. Am besten kann man dabei auch das Smartphone einsetzen.

Es ist Weltkulturerbe.

Die hellen weißen Häuser und das leuchtende Azurblau seiner Fenster und Türen sind ein Charakteristikum dieser Stadt. Die riesigen Bougainvilleas in allen Farben sind unvergesslich. Berühmte Künstler aller Zeiten sind dorthin gepilgert: André Gide, Colette, Simoné de Beauvoir, Châteaubriand, und viele andere mehr. Die Maler Paul Klee. August Macke hat in den leuchtenden Farben dieser Stadt das Café de Nattes gemalt. Der erste der mehrmals dorthin gefahren ist war Flaubert. Er hat dort für seinen Roman Salammbô Inspirationen gesammelt. Es ist nämlich eine karthagische Prinzessin, und Sidi Bou Said liegt auf der Anhöhe vor der berühmten Stadt Karthago. Der gewaltige Fels von Karthago ist im Hintergrund.

III

Karthago

Diese bedeutende Hafenstadt war lange Zeit die große Rivalin von Rom, der Hauptstadt des römischen Weltreichs. Drei große Kriege waren notwendig, um diese Stadt vollständig zu zerstören.

In diesem Zusammenhang könnte man mit der Wortschatzerweiterung auch das Geschichtswissen erweitern. Die meisten haben schon den Namen Hannibal gehört, der bekannteste punische Feldherr. Sein Heer ist mit Elefanten über die Alpen gezogen und stand plötzlich vor den Toren Roms. Bekannt ist der Ausspruch „Hannibal ante portas" – Hannibal steht vor den Toren Roms.

Bekannt ist auch der Spruch des Scipio des römischen Feldherrn, der die Stadt zerstört hat:

„sic transit gloria mundi" – so vergeht der Rum der Welt.

Unvergessen ist auch, dass Cato, ein römischer Senator, der jede seiner Rede beendet hat mit dem Satz „ceterum censeo Carthaginem esse delendam" – im Übrigen bin ich der Meinung, dass Karthago zerstört werden muss. Dieser Satz wurde in England im zweiten Weltkrieg abgewandelt in: Germaniam esse delendam – Deutschland muss zerstört werden.

IV

Bizerte

Auch dieser bedeutende Hafen und Militärstation bietet die Möglichkeit zu vielfältiger Wortschatzerweiterung.
Es ist die nördlichste Stadt Afrikas.
Mussolini hat von dort die Eroberung Tunesiens begonnen.
Rommel hat von dort den Afrikafeldzug angefangen um Mussolini zu Hilfe zu kommen.
Die Amerikaner haben von dort dir Eroberung Siziliens gestartet, weil es der kürzeste Weg über das Meer war.
Selbst nach der Unabhängigkeit Tunesiens hat De Gaulle diese Stadt erst nach einem Kampf mit den Truppen von Bourgiba aufgeben müssen.

Grammatik

Auch zu diesem Abschnitt lassen sich viele Fragen zur Grammatik stellen.

a) Man kann appeler = rufen und s´appeler (reflexiv) = heißen
konjugieren und vergleichen mit
épéler = buchstabieren

b) Das Passiv üben: fut fermée la dernière = wurde als letzte geschlossen

c) Verben mit dem Hilfsverb sein und haben
partir: Er ist abgereist
déménager: Er ist umgezogen
devenir: Er ist geworden

Wenn man alle Wortschatzerweiterungen dazu nimmt, braucht man zu diesem Abschnitt 2-3 Unterrichtsstunden.

Zufall

Der letzte Krankenpfleger von Rudolf Hess in Spandau war ebenfalls Tunesier. Er ist 1942 im selben Dorf geboren, aus dem auch die Familie von Mohamad stammt. Er heißt Abdallah Melaouhi. Nach dem Tod von Hess trat er in mehreren Veranstaltungen und sogar Fernsehübertragungen, auch in England auf. So konnten die beiden einen längst abgerissenen Kontakt wiederherstellen.

Fragen

Wer ist Abdallah Melaouhi?
Wo ist er geboren?
Was ist sein Beruf? (infirmier)
Wie nennt man eine Frau die diesen Beruf ausübt? (infirmière)
Kennst du Substantive von derselben Wortfamilie?
Kennst du ein anderes Wort für nicht gesund? (infirme = malade)
Wo ist Spandau?
Wann konnte Mohammad und Abdallah den abgerissenen Kontakt wieder herstellen?
Was findest du im Smartphone über Abdallah Melaouhi?

4. Abschnitt Merguez

Ein sprachlich einfacher Text, der im Einzelnen nicht besprochen werden muss.

Zuerst aber wollten wir bestellen. Natürlich Couscous und Merguez, diese schmackhaften Würstchen, ein Grundnahrungsmittel nicht nur im arabischen Nordafrika, sondern inzwischen auch in Frankreichs Küche. Es war an jenem Mittag, nicht viel los im Lokal, und Mohamad konnte sich öfters zu uns setzen und erzählen.

Vorgegebene Wörter:
Merguez = Würstchen = saucisse
Denrée = Nahrungsmittel, verwandt mit dent = Zahn und dentist = Zahnarzt
Maghreb: Im Smartphone nachschlagen

Zur Grammatik:
Das Adverb: evidemment: Suche das Adjektiv dazu.
également: wie heißt das Adjektiv?
seulement: Adjektiv?

Fragen zum Text:
Was bestellen die beiden Freunde?
In welchen Ländern ist das ein Grundnahrungsmittel?
Wie wird Merguez hergestellt, Rezept?
Warum kein Schweinefleisch?
Warum konnte Mohammad sich öfters zu den zwei Freunden setzen und erzählen?

5. Abschnitt: Ende der Kolonialzeit

Auch zu diesem Abschnitt lassen sich viele Fragen stellen. Was weißt du über das Ende der Kolonialzeit Frankreichs in Tunesien?
Mehrere Antworten sind dazu im Text zu finden.

6. Abschnitt: Titel des Buches

Das Buch hat den Titel „Ich sah seinen Mördern in die Augen". Mohamad bestätigt, dass Abdallah nicht vermutet, sondern als Zeuge weiß, dass Hess ermordet wurde. Er ist vermutlich der einzig lebende Zeuge, der nicht in die Tat verwickelt war. Zwei in viel zu engen amerikanischen Uniformen gezwängte, muskelbepackte „Gorillas" haben die Erdrosselung durchgeführt. Der amerikanische Wächter Jordan hat Abdallah empfangen mit den Worten, als dieser endlich zu dem Toten gelassen wurde, „Der (!!) Schwein ist erledigt."

Wer hat das Buch geschrieben?
Warum hat er das geschrieben?
Was schreibt er über die Auftragsmörder von Hess?
Etc. etc.
Was sind Gorillas? Affen!
Was bedeutet Gorillas in diesem Text: bullige Männer
(Wortgebrauch im übertragenen Sinn = sens figuré)

Bei interessierten Schülern könnte man das grotesk –
komische chanson von Georges Brassens einfügen: Le
Gorille
Die abweichende weibliche Form von Affe und Äffin
(singe und guenon) kann man leicht memorieren.
Vergleiche dazu Kater und Kätzin, Hund und Hündin, Stier
und Kuh,...

Der Familienname Jordan gibt auch Anlass zur
Wortschatzerweiterung:
Dieser Familienname ist besonders häufig in den USA,
Polen aber auch in Deutschland. Teilweise ist er auch
Juden vorbehalten. Wie jeder schnell erkennt ist es die
Bezeichnung des Flusses Jordan, der teilweise die Grenze
zwischen Israel und Jordanien bildet. Man könnte zur
Wortschatzerweiterung auf die Quellen des Flusses
eingehen, den See Genezareth, die Stadt Jericho, in deren
Nähe Johannes der Täufer Jesus getauft hat, die tiefste
Stelle der Erdoberfläche unter dem Meeresspiegel, und
die Mündung im Toten Meer, dem salzreichsten
Gewässer, etc. etc.

Hausaufgabe

Die auf dem Konzeptblatt eingetragenen Wörter und
Namen sollen in Reinschrift ins Hausheft übertragen
werden, in der Absicht, mit Hilfe dieser Stichwörter ein
Resümee (Zusammenfassung) mündlich vortragen zu
können.

Arbeit am schriftlichen Text

Damit ist nun die Vorbereitung zur Erarbeitung des schriftlichen Textes abgeschlossen. Nun wird der Text als Kopie ausgeteilt.

Phonetik:

Erster Schritt: Den Text lesen lassen in kleinen Abschnitten von verschiedenen Schülern

Mitschüler sollen grobe Aussprachefehler notieren

Besprechung und Wiederholung der beanstandeten Textpassagen

Da der Text inzwischen so bekannt sein sollte, dass der Schüler ihn beim Lesen auch versteht, sollte auch auf die sinngerechte Betonung beachtet werden.

Simultanübersetzung (frz – dt)

Der Text wird von einem Schüler auf Französisch gelesen. Ein Mitschüler soll diesen Text sofort mündlich ins Deutsche übersetzen.

Simultanübersetzung (dt – frz)

Die Herübersetzung wird durch die Hinübersetzung erschwert. Nun wird der Text Deutsch vorgegeben und der Mitschüler muss den Text ins Französische übersetzen.

Diktat

Zur Einübung der Rechtschreibung werden jetzt einzelne Satzteile diktiert (zur Zeitersparnis beschränkt man sich auf schwierige Passagen, etwa die Veränderbarkeit der Partizipien und besondere Unregelmäßigkeiten in der Grammatik.

Fortsetzung der Unterrichtseinheit

Falls die Klasse Interesse zeigt am Fortgang der Geschichte, kann der Lehrer eine Vorschau geben, die der Lehrer mit der Frage einleitet:
Warum wird ein 93-jähriger ermordet?
Wer waren die Auftraggeber?

Schlussbemerkung

Es wäre interessant zu erfahren ob diese Methode zur Spracherlernung auch für andere Sprachen gilt. Nämlich das gesprochene Wort an den Anfang zu stellen und den geschriebenen Buchstaben ans Ende. In unseren Schulen ist es üblich, mit dem schriftlichen Text zu beginnen und das Sprechen über den Text ans Ende zu stellen. Zuerst kommt das Ohr und das Gehörte und dann kommt das Auge und der Buchstabe.